Tkwelkwlól̓tse te Stektits̓e7 te Slexey̓em

Author: Phyllis Webstad

Illustrations: Brock Nicol

Le k̓woyí7sus re Phyllis, lu7 mut mete Kyé7es ne Xget̓tém̓, yirí7 re Stswécem̓c \Xget̓tém̓ txeteqs te qelmúcw. Ne tsitscws ta7 k pell tsék̓wstén̓ ell tek c̓ektén̓ ne ck̓emtem̓. Ne Sexqél̓tqeltemc, re m xixéytes, re Phyllis me7 perelc ne csécwmen̓ qwets̓t te séwllkwe te sten ne Kyé7es, re s7íllens stém̓i7 k k̓ulens ne ck̓wénllqtens ell re speqpéq te sq̓wléwems.

Re Phyllis mete Kyé7es m nes te Setétkwe es yéwems tek sqlélten. M c7íllen te sqlélten ne screpqín ell m cwík̓ens re s7i7llcw es k̓willems ne s7istk. Ta7 ri7 put k pesecw7ítes k̓eméll ri7 m le7 re swé7ces.

Wes ne twites, cwemcwem lu7 re Phyllis. Ta7 put k scw7it.s k stsmemlt e k̓wellsey̓ses. Ne Pellcwéw̓lemten re sc7itemc te stsmem̓lt, t̓silem te 7eq̓wi7éwst.s qwetsqwétsets es nests te skul. Re Phyllis w7é7ec te tsek̓lem e yews es cketscusts re newi7s es nests te skul.

Phyllis ta7 put k stukwtuk̓wstem le kwoyí7sus. K̓emell re Phyllis westes ey re Kyé7es ell nerí7 ne Kyé7es re tsitscwes re lé7es re xwexwéyt te swet e swe7écs.
Cw7it te qelmúcw ec re tskitscws te Kyé7e es knucwentem ell es ctsenm7íken̓tem.
Nerí7 re Kyé7e re kitsens re Phyllis re xwexwísteses e sw7ecs.

Re Phyllis le m teq̓mékstes te swucwt ne Pestemllík, k̓ulctem te Kyé7es te kake ne tketscemnúcwes le k̓ultes. Re Phyllis m tsúntmes te Kyé7es te m teq̓mékst te swucwt, nerí7 re tsq̓éy̓es e skuls. Le m Pescwéw̓lemtnes yirí7 te sxeteqs es snests te St. Joseph’s Mission Skul.

Nerí7 re Phyllis re sxeteqsts re sq7ists es snests te skul ell e seysests re 7eq̓wi7ews ell re s7i7llcw te stsmemlt. Tsuns e stselxemwílcsts ec k kenems t̓lu7|ell m tsut me7 k̓úlem tek stemtmet.

Ey ne sxeteqs te skuls, Re Kyé7es m kwens re Phyllis te tegwn e stewcts tek tsitslem te stektsíts̓e7. Ta7 k pellnexúlecws ell re m neses te tegwn ri7 me7 clleqelc ne qwiqwyéw̓ll te nexúlecw ts7emtstem te “stage”.

Nerí7 m q7ises re m neses te tegwen! T̓kllúne re sweyts̓ins re stage ne tsecyemes ell c̓kesúlecw re cucw̓ell. Ta7 k sq̓e7sts m letwílcwes re st̓7eks ell m t̓ekukwes. Phyllis setsex sk̓empéllecw ell wiktses re clecew̓s te cucwell ne t̓7ekwes.

Re tegwn kllúne re sketsctsíns ell put e t̓hen k qeqélmucw ell nexnexúlecw.
Ctetuméllcw te tegwnmentem ell c7e7llnellcw ne sc7illnemc.
Nek̓ú7 te ctuméllcw pell tsiqw ell piq te tsrep sts̓lucw sk̓empéllcw. Re Phyllis m
tspiqwsts ec te cwlepes ell m tsut t̓henesénke wes k t7ekwes re stsegwtsúgw.

Re Kyé7es m kwens re Phyllis te c7ellnellcw. M lleqelc neri7 ne sclleqel̓cten, pell k̓woyí7se te csetsinten. Re m ctséq̓mimentmes nerí7 k sqlew̓ me7 setsinem ri7. Re Phyllis m sulltimc te cwenwenstsíllen tek cselilt te ú7se, ell le m tskitsctmes lu7 ts̓ílem te cgweswespus. Wel tspiqwestem re Phyllis te ú7ses ne syeltes, ta7k stselxemstes me7 kests e 7illenses. – Kyé7e re ú7sests kumtus re tspeltsmet̓t.s

Le m wetsínes re Kyé7e m kwens re Phyllis te ctuméllcw, cw7it nerí7 re stsyex ell syeksten. Re Phyllis m k̓wenem te gwellgwéllt tkwelkwlól̓ts̓e te stektíts̓e7, te stlk̓entet.s ne tek̓mélests. Tsekwtsek̓w ell tseqwtsúq̓wt lu7. Le7 re sptínesmens re stektíts̓e7s ell e snests te skul.

Re Kyé7es m tewens re stektíts̓e7 ell m clleqelcwes ne stage te m pepelq̓ilc. Phyllis tskwenméy̓sts re stsq̓eyeken ne stenes re tkwelkwlól̓se te stektíts̓e7s welem kitsc. Tsut re newi7s, ta7 me7 sllcwentes wel me7 cketscus e snests te skul.

Re Phyllis tsek̓lem wel neri7 re scketscuses re sitq̓t, re Phyllis yerí7 re sxeteqsts re sllcwentes re gwellgwelt ell tkwelkwelól̓se te stektíts̓e7, putens re kyé7es. Lletsqentem te Kyé7es m tsuntmes, “What loves it?” Re Phyllis ell re s7i7llcw te stsmemelt m clleqelcwes ne xqwtsílcten, m ceyects re Kyé7es,

Lu7 seséle te sciláp eytsell kitscwes ne Residential Skul – P̓7ecw re skekwes, tá7a re Phyllis penhen k scweset.s tri7 tek ts̓ilem. Ri7 m tspeqw7uyes te ctsek̓wsten, tsek̓lem es wekúlecwens t̓ké7en k t̓7ekwes.

M nexlle7úys re Phyllis le m kitscwes, Re Residential Skul p̓7ecw re swistes, ta7 penhen re Phyllis k swikts t̓ri7 k ts̓ilem.
Wel geygit well siste te est̓penllcw te skul es t7eyentem.

Re Phyllis sewens re 7eqwi7cwst.s, tskenem te sq̓7ests neri7 me7 sw7ecs. Tsuntem te eqwi7yewst.s heqen kelles te xetspqiqéńst te s7itc eytsell me7 pepelq̓ilcwes. Wel ts̓ílem tek wel me7 yews k kelles te xetspqiqéńst.

Well siste 7ullcwests re stsmemlt, tet7ek te tstalelc wel 7ullcw ne nek̓w7ellcw, neri7 re m k̓ulentmes e stkllentsut.s, m secwsécwmes. Re Phyllis ta7 penhen k swikts k séwllkwe te ts.sicwt tri7 te ts̓ílem. Re Phyllis ta7 k stsuns e skllentes re gwellgwellt ell tkwelkwlól̓se7 te stektíts̓e7s.

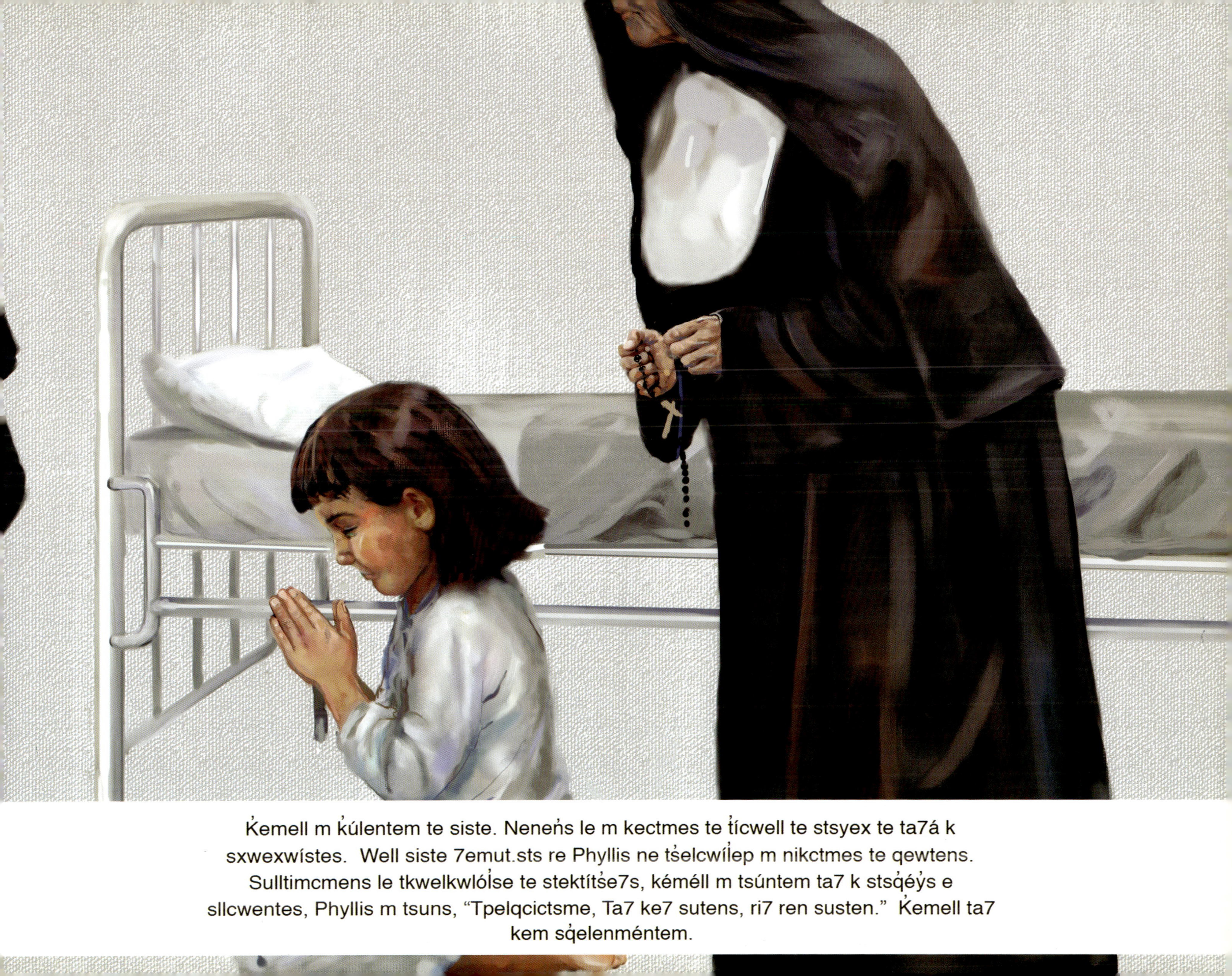

K̓emell m k̓úlentem te siste. Nenen̓s le m kectmes te t̓ícwell te stsyex te ta7á k sxwexwístes. Well siste 7emut.sts re Phyllis ne ts̓elcwíl̓ep m nikctmes te qewtens. Sulltimcmens le tkwelkwlól̓se te stektíts̓e7s, kéméll m tsúntem ta7 k stsq̓éy̓s e sllcwentes, Phyllis m tsuns, “Tpelqcictsme, Ta7 ke7 sutens, ri7 ren susten.” K̓emell ta7 kem sq̓elenméntem.

Telri7 te Residential Skul re Phyllis re ta7ús k sxepqenwellens tek stem. Tsukw t̓ucw ri7 re stsmemlt wes re c7eticwes ell re c7illnes. Phyllis tselxemwílcts well sista ta7 k stemstes e t̓leles, e k7epes, e tsecteyllts̓us ell e cwemcwemés. Tsukw ne newi7s me7 knucwentsútes, t̓ri7 wel ta7 k swet.s. Ne screpqin re Phyllis ell re s7i7llcw te stsmemlt me7 c7íllen tek pecwt ell ta7 put k pellstsextens te stsíllen.

Ta7 put k sle7es te stsíllen ell re swewll ta7 k sts̓ílems te sqlélten ec te tsc7illenstses mete te Kyé7es. Ne sr7al re Phyllis m tsut kenem me7 te ta7ús re Kyé7es te stskitsens e skwens. M ts̓7úmes ri7 wel 7etic. Ne stmtúmens, ec re seysús ne Kyé7es re ck̓wén̓llqtens ell ec re yéwmes te sqlélten ne setétkwe.

Ne snekw7ésq̓t, re stsmemlt me7 clleqelc ne xqwtsilcten e snests te tegwn ten skul. Le clleqelcwes ne xqwtsilcten ri7 me7 kectem tek k̓wimemem̓ull te tkwelkwlélts̓e te s7uy ell stsq̓yeyken tsecllem te screpqínems. Ne nek̓us7es telrí7 k tenk̓we7 e tek̓selus te stsmemlt me7 pell tsoklet ne screpqinems. Xwewéyt te swet me7 t̓7em ne stsq̓yekens k̓emell t̓ucw tsukw k sanwets t̓ekci7 me7 sten.

Wel t̓silem te tsgweystem te stetéx7em.
Re Phyllis mete 7eq̓wi7ewst.s m clleqelc ne xqwtsilcten. Ne sexwyesq̓t re tskw̓en̓elk ne xqwetsilcten. M ckllilcts 7eq̓wi7yews ne t̓icwell te skul. Phyllis t̓inucw e stnesmens. Ta7 k stselxemstés kenem me7 e sta7us me7 s̓teqwéwsts neri7.

Ne skul re Phyllis mete s7i7llcw te stsmemlt xepqenwen̓s e sqweltel̓tcwes ell e sq̓yem̓s, k̓emell ec ey re cwemcwemes, xwexeyt.s re stsmemlt ne Residential Skul lu7 cwempmins re k̓wseltktens.

Te m kwenkwentem te t̓hé7ne we ne tsyemes ell te k̓weselktens. Re lleq̓meltens lu7 tskelklep̓o7sqen te tseqwqin, le7 lu7 te qelmúcw. Ec re tsqwit̓semstses re Phyllis ell ec re tsknucwstses ne s7elkst.s. Tsk̓ulsts e sle7s te sw7ec ne skul.

Re Phyllis xwexwístes re llq̓meltens k̓emell ta7 k st̓sílems te Kyé7es.
M tsut ecenke k kenmes re Kyé7es re m w7ecwes re Phyllis ne skul ne sexwyésq̓t.

Re Phyllis m tscempminsts wes ne mutes ell re ck̓wén̓llqtens. Yews ri7 re m sxyens re sitq̓t penhé7en te pelq̓ilcwes. Ne snek̓wésq̓t re m7eyes te spelq̓ilces.
M tsek̓lémes ell m tsek̓lémes.

Re s7i7llcw te stsmemlt ne skul ec re q̓yémes tek spqwpeqwél̓tcw. K̓emell re stsmemlt ne Residential Skul ta7 k stsq̓ey̓s tri7 e sxílems. Re Phyllis ta7 k stselxemstés kenem me7e re st̓icwells re stsúwet.stem. Re newí7s ri7 qwnen tek speqwél̓tcw, ell kenem re stá7es k sten̓cwentem.

Ne csey̓séten, ri7 ts̓ilem te xwexwéytes re sqelqéqlemcw ell nxnunxwénxw. Ne screpqín xwexwéyt m seysétwecw. Re Phyllis xepqenwén̓s es xqet̓yúle7es ell me7 teq̓lentes re xqetyúl̓e7ten ne tsrep ell m tspiqwsts re m cwelpepípes.

Re p̓7ecw re sle7s te sitq̓t ri7 re m cketscúses re xqwtsilcten es kwentem re m cwtepes re skul. Re Phyllis kúmtus re stsk̓willcts re 7uq̓wis te smuten̓. Re m kitsentmes re 7eq̓w7yewsts, m cwiselc te xqwtsilcten tek me7 emut ne sequt.s re Phyllis. Nek̓ú7eses ri7 me7 tskwnem tek qwléwe te spepens ne skul.

Re 7eq̓w7yewsts me7 tsuns, qwnénenk? Re Phyllis m tu7lílmens te estcwel̓tsin te qwléwe. K̓emell re Phyllis kúmtus re stsectéyllts̓es. M kwens re qwléwe m 7íllenses wel tsilem tek apels. M estcwel̓tsínes t̓silem re 7eq̓w7yewst.s.

Ne xqwtsilcten, ri7 xepqenwéń̓s e setsetsínems. M setsinem, “We are the missions, mighty, mighty missions, everywhere we go, oh, people want to know, oh… who we are… so we tell them, we are the missions…”

Le m n7ek̓es re tmicw te sllwélsten, ne s7istk. Yem well sqepts ell cúy̓tsem m sexqel̓qeltemcwes. Phyllis q7íses e spelq̓ílcs. Ta7 cúy̓tsem k stsut.s e spelqílcs te Residential Skul ell ta7 penhen cúy̓tsem e swikts well ckesk̓séllts̓e te siste.

Le m kélles te sxetspqíqeń̓st, re stage tskitsc e spelq̓entés re Phyllis te mutes ne Xgét̓tem̓. Ts7ecwe7úyes e sw7ecs t̓hé7en k tselxemstémes tek sumecs ell e stsyucwemínstem te qelmúcw.

Ne sexqél̓qeltemc, m mútes ri7 ne Kyé7es. M mútes ri7 ne tsitcw te tselxemstés ell ec re 7elkstés mete Kyé7es ne ck̓wen̓llqtens. M yet̓elc te Setétkwe e syéwems tek sqlélten ell m 7íllen te sqlélten n screpqín. Cweteméles ri7 ell ta7 cúy̓tsem kem stsuts.s e spelq̓ílcs te Residential Skul.
Yeri7 stsukws.

September 30th- Orange Shirt Day:
Today the residential schools have closed for good.
She and her family learn about and celebrate their culture. Phyllis knows what it means to be Northern Secwépemc, and she is proud of who she is and who her people are.

Each year, on September 30th, many people including Phyllis wear bright orange shirts to honour residential school survivors and their families. Orange Shirt Day kicks off talks about anti racism and bullying at the beginning of the school year.

Phyllis's true story is only one among many. We must listen to these stories, and we must learn from our past. By doing so, we can walk into the future without making the same mistakes again. When we wear our orange shirts on Orange Shirt Day, we reaffirm that every child matters — the children from every nation around the world, the residential school survivors, and the First Nations children who didn't come home.